Siempre el Amor

Susan Lidia Montes De Aragon

A publication of

Eber & Wein Publishing

Pennsylvania

Siempre el Amor

Library of Congress
Cataloging in Publication Data

ISBN 978-1-60880-755-0

Proudly manufactured in the United States of America by

Eber & Wein Publishing

Pennsylvania

La Poesía es un sentimiento

Que nace entre el baño refrescante del aire ambulante

Se encuentro entre las notas que entonan el agua corriente de un riachuelo

Esta escondida entre la lluvia de una estruendosa tormenta

Y hasta en la blanca cortina de neblina en invierno . . .

La poesía está esperando en el corazón de todos, el cruel, el triste, el malo, el bueno.

La poesía nace con una flor, con una herida, con un beso, con una lágrima.

Puede ser una confesión, un pedazo de papel donde trazamos nuestros más íntimos secretos.

Puede ser un tesoro de felicidad o el llorar de un corazón desesperado . . .

Pero cualquier cosa que la poesía revelé,

Está siempre en lo más profundo del corazón, esperando . . .

CONTENTS

Porqué Para Mí

Un Poema está flotando en el aire, en la Primavera colorida, en una tormenta entre la lluvia, en el invierno con la niebla.

Un Poema se encuentra en el corazón de cualquiera: el cruel, el bueno, el malo.

Un Poema viene con una flor, en una herida, con un beso, con una lágrima.

Puede ser a veces una confesión, un pedazo de papel donde revelamos nuestros más queridos secretos.

Puede ser un tesoro de Felicidad, o el llanto de un corazón desesperado.

Pero cualquier cosa que revelé, un Poema siempre se esconde profundamente en todos nuestros corazónes.

De todas las emociones el AMOR es el que constantemente influye en nuestras vidas. El AMOR puede llevar a nuestros corazones, llenos de felicidad, a tocar el cielo, o ahogarnos en un mar de tristeza cuando nos deja.

Siempre soñamos con encontrar a nuestra "Alma Gemela" en nuestra búsqueda constante por el amor. Dios sabe si El nos va a dar esa oportunidad en el corto tramo de nuestras vidas.

Estos poemas reflejan mi deseo de llenar el espacio vacío de mi corazón con el sincero amor de alguien que me entienda y me quiera. Que es la vida sin la compañía de alguien que nos comprenda?...

Y después de toda la experiencia emocional, encontré que mi búsqueda por el AMOR fue una excitante e enriquecedora aventura, no importa como haya terminado. Porque, al final, siempre hay algo que ganar, aunque sea solo un minuto e infinito momento del hermoso y pasional amor del que disfrutamos. Es lindo poder sentir todos los momentos, que rodeados de carino, llenaron de felicidad a nuestra alma.

A Alejandro

¿Porque te quiero?...

Porque tu eres el rocío que me cubres en cada mañana,

Y yo soy la flor que espera tu abrigo.

¿Porque te quiero?...

Porque tu eres como el sol que revive fuerte mi alma,

Y me llenas de energía, y yo espero en el amanecer tu arribo…

¿Porque te quiero?...

Porque tu eres el aliento que empuja mi vida,

Y me llevas valiente a sufrir levemente.

Porque eres el manto de ternura que ha endulzado mi alma,

Y has sembrado mi vivir con pimpollos de un mañana…

A Brenda Y Pablo En Su Boda (y para los dos)

"Ven AMOR, a tomar mi manos…"

"Que hoy somos como dos plumas acariciándonos el alma,

Como dos palomas que se unen en su vuelo,

Y se dirigen hacia el horizonte entre las nubes blancas…"

"Hoy es nuestro día, el de nuestro AMOR…"

"En el que se unen nuestros corazones en esperanzas"

"En el que se entrelazan nuestros sueños para que, alzada,

Me lleves a mí, y yo a ti en lo más profundo de mi alma…"

"Aquí estoy para ti…y tu para mi…en un solo respirar,"

"Los dos fundidos en un solo ser de ternura entrelazada,

Con mi mano encerrada en la tuya para adelante caminar."

"Esperando, con felicidad, a todas nuestras futuras mañanas…"

A José Luis

En silencio te he mirado…

En silencio he guardado los labios de mi alma…

Esperando lo imposible,

Y he presentido, con calma,

Los fracasos de mi alma…

Oh mi amor, el imposible

Que persiste en el árbol de mi vida…

Saber que este sentir tan profundo

Es el dolor de algún día…

Cada beso de tu alma a mi alma,

Cada miel que endulza mi vida,

Es también el azote que poco a poco lastima.

Cada felicidad que alienta mi alma

Convertirá algún día en acíbar…

Cada flor que adornan nuestros labios de inmensa alegría

Torna en lágrima que de tristeza impregna mi vivir,

Y este sentir que tanto mi alma lastima,

Me llevaron a la huida de ti…y a mi alma a morir…

A Alejandro

Porque no quererte?...

Si al estar débil eres tu la razón de mi existencia,

O no lo sabes?

No sabes que la rosa de mi alma está muerta

Sin que tu me ames?

Que en mi vivir no hay otra razón que tu vida,

Y que mi única felicidad es porque la tuya es mía?

Ven, pon tu cabeza sobre mi regazo y cierra tus ojos,

Deja que mis dedos corran entre tus cabellos.

No sientes acaso ternura brotar en cada gesto,

A través de cada poro?...

Posa tus labios en los míos,

Y no hay nada más puro que un beso.

Endulza los minutos de mis citas encantadas,

Y dime las palabras más hermosas que broten de tu alma.

Si, te quiero…Si, te amo…

Prométeme que nunca dejaras

Que se quiebre el embrujo de este encanto.

Corta el espacio entre nuestros cuerpos,

Y bríndame la pureza de tu abrazo.

Toma mis manos y deja que el amor

Guíe para siempre nuestros pasos…

A José Luis

No puedo reprocharte ni tu enojo ni tu ofensa.
Tu porte de orgulloso, altivo,
Conservabas recto, de pies a cabeza,
Pero aunque te doliera, yo use la franqueza…

No puedo reprocharte ni tu enojo ni tu ofensa.
Pero tus mentiras!
De mentiras has rebajado tu nobleza,
Y tus quejas de ira…

No puedo reprocharte ni tu enojo ni tu ofensa.
Yo comprendo…
Pero te pedí que a mi corazón no mientas,
Y lo has hecho…

¿He sido una chiquilla caprichosa?...Quizás…
¿Pero dónde están tus amorosos mimos?
¿Dices que eres víctima de mis antojos?...
¿Olvidas tus mañas de pequeño consentido?...

¿Y adonde esta tu interés en mí?...

¿Lo has perdido?...

¿No sabes que el verdadero afecto

En el corazón va prendido?...

¿Y has hablado mal de mi

A mis enemigos?...

¿Ah, es que también a mis amigos

Los he perdido?...

Solo Ana a mi favor… ¿y los demás?

¿Y el cariño y la confianza que me tenían?

Nadie responde…

Que triste, que triste encontrar lo que no conocía…

Al Guardiamarina Osvaldo José María Eguias

Al amor que perdí antes que a mi amor perteneciera;

A la ilusión que mató antes que en vida floreciera;

A los sueños que, a mi alma, poco a poco, habían inundado,

Y a este mundo y el destino que, poco a poco, me los ha quitado…

Al amor y el dolor que un día me has traído;

Al encuentro y al adiós qué solo de ti han surgido.

Al inmenso cariño que yo, como amada, te hubiera brindado.

Al consuelo que te di cuando, en un momento, estabas herido,

Y a todo sacrificio que estaba dispuesta a hacer por ti, Osvaldo…

TODO lo has olvidado,

Haciendo a un lado a mi corazón enamorado,

Y al inmenso cariño que por ti yo ya cobijaba,

Y que solo por ti, Osvaldo, yo sacrificaba…

Deseo

Besar…aquella boca que fue mía,

Aquellos labios que un día

Pertenecieron solo a mí…

Vivir…aquel amor inmenso y profundo,

Que existe solo en este mundo

Y necesito de sentir…

Recuerdo…tu figura tan lejana,

Y no vacilo al decirte

Que estoy sola…triste…triste,

Y necesito solo a ti…

Verte…sería lo más hermoso del mundo,

Seguir…juntos en el rumbo

Que nos trae el vivir…

Feliz…seria…besar tu boca,

Matar esta obsesión que me tiene loca,

Y en pasado revivir…

Más…ahora…no hay esperanza,

Solamente esta eterna añoranza

De ese amor que ya pasó…

Y siento los años golpearme,

Y el recuerdo atormentarme,

De ese idilio…que un día murió…

Donde Estarás

¿Dónde estarás compañero invisible de mis noches solitarias,

Quien capturó los suspiros de mi sombra larga?...

¿Dónde estarás esperanza que robas mis sueños,

Y me enriqueces los ojos con luces ilusionadas?...

¿Dónde estarás el que mis labios llaman

Para que mis brazos llenen?

¿Dónde estarás el nombre que en mi corazón gravas

Para ofrecerme palabras de amor que a mi alma mueven…?

El Mar Y Mi Dolor

Cuando el sol acaricia mansamente,

Y las olas con su golpeteo permanente

Salpican las rocas con blanca espuma.

Cuando no hay neblina, ni bruma,

Que apague el día y lo haga llorar,

Que desate sin compasión la furia del mar;

Brilla, así como la belleza que despierta

El tiempo en la naturaleza,

El alma en su gozo,

Que hace sentir ansias aun así al más perezoso;

Quiero llorar y decir al viento y la marea,

A la gaviota, a la paloma, a cualquiera que a él lo vea:

"Llévale a él este mensaje,

Es este mi secreto que en tristeza

Me consume, me deshace."

"Lo quiero, lo quiero, y no hay nada en el mundo entero,

Ni la lluvia, ni la tempestad, ni aquello que mate,

Que me haga nunca olvidarte."

"Anda, lleva el mensaje pronto,

Que mi alma en su dolor se parte."

"Que acá vivo sola, sin que nadie me quiera,

Sin nadie que acompañe los latidos de mi amor,

Acá, con mi alma solitaria,

Aquí, junto al mar con mi dolor…"

El Adiós

El viento sopla levemente, y de vez en cuando,

La briza interrumpe la quietud del follaje verde.

Mi mente lentamente vaga,

Flota con las burbujas incesante del rio y descansa…

Un pétalo de rosa al agua,

Y una carta abierta en el muelle;

Un amor más que desvanece en mi alma,

Y, con ello, un pedazo más de mi corazón que arranca…

Recuerdos de mi amor que por ti fue floreciendo;

Tu ausencia y tu desprecio que lo fue marchitando.

Tus besos que a mi vida de ternura y felicidad impregnaron,

Y tú adiós que se los llevó…y me dejo llorando…

El Amor

Embeleso que no envuelve,
Ola de ternura infinita.
En ese mar de ilusión,
Que no cautiva en la vida.
Esclava del corazón.
Ha, que fuerte amistad,
Que nos llevará al sacrificio
Por el bien del amado:
Culpable de nuestros delirios,
Eco de nuestro corazón embelesado.
Y sus besos, y sus brazos,
Nos parece más hermoso
Que el cielo, la tierra, todo
Lo que vive a nuestro alrededor,
Mientras antes no sabíamos que había algo mejor
Que la naturaleza…el Amor…el Amor…
¿Qué es lo que convierte
La tormenta en primavera?
Y dulce en los brazos de un amado
La larga espera?...
El Amor…el Amor…
El Amor que lo hace todo
Con tocamos el corazón.
El mundo egoísta y cruel en un mundo de ilusión,
Los problemas un consuelo en su plegaria de Dios…

El Amor

En una caliente tarde de verano,

Cuando el sol volcó en la tierra sus rayos de oro,

La puerta del amor se abrió a mi paso,

Y escuche a los pajaritos cantar en coro...

Una suave briza corría,

Que envolvió mi cuerpo en un instante;

Solo a él lo veía, para los otros estaba ciega

Y del mundo distante...

Espere ansiosa el primer beso,

Y que sus manos se unieran a las mías,

Le confesé que lo quiero

Y el que me quería...

Mi vida es tuya para siempre,

Ansiosa espere este momento,

Y mi corazón es tuyo, te pertenece,

Me dijo con amor en el acento...

En La Costa

Dos sombras más en la noche se dibujan en a la costa,

Do silueta que se abrazan, apasionados, con amor,

Dos miradas que pretenden leer sus destinos en una estrella,

Dos murmullos acompañados con el ir venir de las olas, su clamor

Las olas bañan la costa, y en las gotas, brilla un extraño fulgor;

Sus pupilas, brillantes, parecen cuatro estrellas más en la noche,

Oyendo, lejos del mundo, las voces del corazón…

La luna desparrama, esta noche, rayos de plata,

Estela de luces parecen chispeantes serpientes en el mar.

Se torna de hermosura el brillo de las estrellas en la inmensidad…

Parecen hechizadas de belleza ya las olas

Que acentúan con más fuerza su terrible golpear.

La luna tan serena nos mira, tan redonda,

Y hasta a la estrella más cercana llega nuestro palpitar.

Elegida esta esta noche, tachonada de hermosas joyas,

Vestida, por cuatro ojos, de promesas, de ilusión.

Dos siluetas se dibujan en la costa,

Y, allá lejos, el mar…y su canción…

Enamorada

Qué es lo que trajo la rosa púrpura del jardín más adornado,

Que ha brotado desde el fondo, que mi rostro ha endulzado?...

Que es lo que, a la noche, trae escondido el viento

Que convierte cada sombra en el rostro enamorado?...

Cuando tus besos se posaron en los labios de mi alma,

Sentí el lamento del viento confundirse con suspiro,

Y la noche me envolvía de ternura y dulce calma…

Porque, aunque camine sola por los rincones más fríos

No sentiré más invierno.

Tus brazos rodearan mi cuerpo,

Y me traerán el calor que tanto ansío…

Engaño

Quise tratar de volar y alcanzarte la estrella que buscas,

Quise plantar un paraíso en tu jardín,

Quise caminar mares por la tierra desnuda,

Con tal de brindarte la cuna en la que quieres vivir…

No me importo caer de cansancio.

Que brote en mis manos durezas, cien, mil.

No me importo sufrir, derramar muchos llantos,

Con tal que mis ojos te vieran feliz…

Y que, de mis manos, y que de mis manos,

Y que de mi alma ya no de infantil!...

Y que de las huellas que dejan mis llantos,

Y que de este mundo…si vos me mentís…

Tus manos son sedas, mis manos son sedas,

Y, en tu cara, la risa adorno infantil.

Buscan tus ojos brillantes cómoda tibieza

Y tu mente llena de ambiciones tu sentir…

Nada viene fácil, oh, dulce amor mío,

Nada alcanzarán tus manos sin alcanzar a sufrir;

Nada haré yo, lo siento

Tu doloroso engaño ha matado mis deseos de sacrificarme por ti…

Equivocado

Los pétalos de mis manos no alcanzan a tocar tu alma ciega.

En la flor sobre en mi pecho eres tú, mi amor, el primero,

Y verte gritarme, sin motivo, en ira al son injusto que proponen tus amigos;

Verlos vertir vacíos, en ti, vinos repletos de falso veneno…

Los sabes mentirosos a sus propios adorables amores,

Sabes que, injustamente, ridiculizan a mi alma por buena,

Y aun así, porque te adularon falsamente defiendes sus errores,

Traicionando a mi alma que sinceramente te quiere y creía tener compañera…

Cómo es que no lees a través de mi pecho mis inquietudes?

Así sabrás que son ellos los que merecen, insinceros, tus maldiciones.

Yo soy tuya, el bastón en el cual inclinarás tu vida;

La espiga con la cual algún día revolverás visiones…

Quizás, algún día, me veas reflejada, como a ti mismo, en un espejo,

Y, cara a cara, veas con pureza toda mi alma en el reflejo…

Hubiera querido ser la esposa que inspire en ti el respeto merecido

Y poder guiarte, despierto, para que veas con claridad tu camino…

Quizás algún día, cuando solo mi sombra quede a tu lado como abrigo,

Te darás cuenta que me condenas a injusto castigo.

No sabes captar el cálido propósito de mis palabras

Y, superficial, cruelmente me marcas "malvada" …

Quizás, algún día, comprendiendo mis lágrimas, creas en mí con nobleza,

Y entierres las enseñanzas malas recibidas al olvido…

Porque yo te pido: "No juegues con mi alma buena",

Porque de ella, no olvides, cuelga mi amor por tí de un hilo muy fino…

Esta Noche

Esta noche, noche pálida de estrellas.

Esa noche en que el tiempo parecía un instante,

Y el instante para gozar la hora bella.

Esa, esa era la noche para amarte…

Esa noche en que las sombras cobijaban las siluetas,

Yo te quise, y recordarte,

Es como tenerte nuevamente junto a mí,

Bajo el abrigo de la luna y amarte…

Que pase el tiempo, que cese la hora.

Que el tiempo transcurra y deje muy lejos mi vida.

Te quise y te quiero, en mi alma te guardaré siempre

A ti y a nuestra hora divina…

Ilusión

Pude imaginarte en mis sueños,

Pude verte entre capullos de esperanzas,

Pude amarte enternecidas con tus besos,

Y creí ver la verdad convencida por mis anhelos…

Creí en ti, como creo que un árbol su fruto dará,

Como espero la primavera con sus flores,

Como creo que haya también hierbas y zarzas,

Y, en la juventud, el más dulce de los amores…

Cegada de felicidad no creí que haya engaño,

Pero así era, y me empapó la angustia

Al saber a todos mis sueños destrozados…

Quise llorar, más el dolor no dejó que hubieran lágrimas,

Las secó en el fondo de mi corazón,

Y comprendo, y me resigno,

Al saber que fue una de las tantas,…ILUSIÓN…

Imposible

Quise impedir tu presencia en mi alma,

Que mis ojos impregnados en fría indiferencia

Nunca en tus labios osaran posarse,

Y así, sola y muda, mi rumbo prosiguiera…

Quise impedir despertar tus sospechas

Cuando ya mis labios llamaban en silencio los tuyos,

Y, extrañada, mi alma no emanaba quejas,

Un tierno "te quiero" era su murmullo…

Intervalo De Amor

Quiero sentirte,

Sentir tus fuertes brazos llevarme hacia tu cuerpo,

Sentir tu alma palpitar muy cerca de la mía,

Transmitiéndonos en su ritmo aquella sed de amor,

Y, en ello, nuestras bocas unirse al conjuro

De un beso que me has dado oyendo al corazón…

El néctar ya ha saciado, separanse los cuerpos;

Sintiéndose vacíos volvieronse a unir,

Y se repite escenas por intervalos y ratos,

Y ya comunicados no queda que decir…

No hay mundo, no hay personas, ya nada nos rodea.

Tus ojos en los míos se posan eternamente,

Y, en ellos, el reflejo del cielo y las estrellas…

Jose Luis

Mi amor, Jose Luis, te deje adiós,

Y la hora de ese momento en ese instante quedo.

Te dije adiós con el dolor de mi alma,

Mientras lágrimas bañaban mi rostro y la alegría de mi rostro borro…

Oh Dios, el tiempo pasa sin control,

Y las horas se convierten en tramos de tristeza.

Mi corazón llora, poco a poco, su dolor,

Y en silencio siento a mi alma que se queja…

Te deje ir, Jose Luis, mi amor,

Te deje ir sin pensar que mañana

Voy a extrañar tus caricias en tu ausencia,

Hasta que, algún día, tus manos y las mías se encontraran…

La Magia Del Amor

El viento, tan fuerte, alborotaba mis cabellos,

Y hubo en tus brazos, en ellos, el placer de tenerte,

Ansiaban tus labios ya verme sumida,

Para mí, la vida nacía yo al verte…

No hubieron suspiros, ni una flor, ni una estrella,

Ni siquiera el quejido de una hoja que cae;

Sentían tus labios mi piel que dormía

En la dulce calma que tristezas barre…

Que lentos flotaban tus besos en huida,

Que cuna en tus manos, las mías encontraban,

Reflejaban tus ojos, brillantes mi sonrisa,

Que tiernas, en la noche, tus caricias vagan…

Si llega el invierno en nuestra primavera;

Que seque las flores, que enfrié el calor,

Quedarán como las cenizas de las hojas muertas

La huella imborrable de un beso de Amor…

Las Tinieblas

Las tinieblas perturban tu vista,

Tu vista ciega, incomprensible…

Pero, como culpar a tu alma inquieta

Si nadie abrió tu vida a la verdad invencible?...

Como culpar tus faltas

Si nadie te las señaló?...

Como avergonzarte por ellas

Si tu propia sangre te las ponderaba y perdono?

Oh amor, tu alma está ciega!

Tu alma está ciega a mi corazón palpitante.

Como oír?...si nadie abrió tus oídos

A la ternura de una mujer amante…

Pero yo estoy aquí, a guiar tu camino.

Como quise mostrarte la luz al principio;

Quise socorrerte en tu camino perdido

Y feliz poder verte…conmigo…

Y aquí estoy, amor, a mostrarte la luz que conozco,

A darte yo, con el pecho desnudo, con sudor en los labios,

Con mis pimpollos y mis flores marchitas,

Con laureles…y besos…y, a veces, espinas…

Pero a darme yo…

A aferrar tus manos fuertes en los pasos difíciles,

A besar tus favores y a abofetearte por errores

Que provocan mi ira…

Aquí estoy yo, con sincero cariño,

Y si ti hiero, o te causo fastidio,

Es porque tu falta de Amor

A mi Amor ha ofendido…

Y yo, la única a rezar a Dios

Por nuestro cariño;

Que, en tu corazón nazca la comprensión

Como en el mío.

Que, en tus ojos, haya ternura por mí,

Y no fastidio,

Y que Dios siembre la Paz y Unión

En nuestro Primer Nido…

La Rosa Roja

Una rosa muy hermosa ha florecido en el jardín,

Y es tan perfecta y tan roja que parece ser tu boca,

Tan chiquita, tan bonita, revestida de carmín.

El otro día, del cielo, bajo un Canario que quiso sus encantos conquistar,

Y tiernamente azorado, a la rosa, enamorado le dedicó su trinar.

Esta le respondió, y en su danza suavecita, entre compases del viento,

Lo rozó, acariciándolo con sus delicados pétalos.

El Canario amarillo, locamente apasionado,

Alzó vuelo, prometiendo que, ya sus ansias saciando,

Volvería…volvería; pero pasaron los días, y pasaron…y pasaron…

La rosa lloraba en cada mañana, desesperada,

Al correr de cada instante estaba secando, y él no regresaba.

Ya la rosa roja va muriendo, ya es muy tarde,

Y en su martirio está viendo como sus pétalos se caen…

Ya pasado algún tiempo, cuenta un clavel del rincón,

Que a la rosa en su delirio, oyó decirle en su dolor;

"Adonde estas…Amor mío…!"

"Adonde estas…Corazón…!"

Me Desconciertas

Me desconciertas,

Con tu frialdad, tu falta de atención,

Tu mirada incierta

Como si escondieras con recelo tu corazón...

Desde que te conocí,

Y porque soy muy impulsiva,

No he escondido contigo mi sed de cariño,

Me he portado como una atrevida...

Miguel, que pensaras de mi?...

Posiblemente que soy liviana y divertida;

Una mujer que trata a todos los hombres

Con mente de niña alocada y frívola?...

Tus brazos responden a todas mis caricias,

Y tu boca contesta a mis amorosos besos,

Pero tus manos no buscan tocar las mías,

Y tus labios inmóviles no muestran deseos

De tocar las fibras íntimas de mi triste vida...

Me Piden

Me piden que sonría a través del velo de tristeza,

Que entierre mi mente, que hace de mi boca un caído lazo.

Dicen que sonría y olvide el dolor que tiembla en mi cuerpo destrozado.

Dormir bajo el horrible sentir de mi único y gran fracaso…

Me piden que olvide todos los besos escondidos en mis labios;

El cuadro amoroso de tu cara rozando mi rostro ardiente.

Dicen que olvide el abrigo dulce de tus brazos cuando novios,

Y acepte el destierro de mi amor de tu corazón indiferente…

Dicen que ignore este profundo dolor que enloquece,

Causado por tu traición a ilusiones que he forjado

Creyendo ciegamente en tu amor;

(Que no era más que el reflejo de mi propio sentir cuando amorosos

Mis sueños usaban tu alma de espejo…)

Quieres que acepte con fría indiferencia tu ausencia,

Que escuche ciega como a tus amigos tu traición a mi amor les cuentas.

Que musite mentiras de la felicidad que yo no sienta,

Que arranque para siempre de mi vida el amor que, una vez, ofreciste total entrega…

Te pido en las noches escuchas a quejas

Que motivan este dolor que mi calma lleva…

Pido oídos a mis corazón que llora motivado solo por ti,

Pido una sola palabra de amor que borre mis tristezas…

Grito entonces sin contestación, en ira a tu indiferencia.

"Alguien brindara un pañuelo a mis lágrimas y la verdad,

Alguien comprenderá a mi pobre romántico corazón,

Y, así, evaporara, invisible, mi negra soledad…"

Sólo

Déjame decirte de enojos que encierro;
Porque desamores en tu boca presiento,
Y ofendes el amor que por ti yo siento…

Nunca podría arrancar de mi vida su más fina esencia
Sin dejar marchitar la únicas flores de mi alma.
No oír más los latidos de mi corazón que poco a poco va decayendo
En las tormentas de este amor que van matando mi calma…

"Solo cuando mis palabras te hayan tocado
Para mover en ti la piedra que por tu incomprensión has creado,
Y las oigas claramente,
 Para no poder culparme hiriente de "algo" que yo no he sido…"

"Solo cuando despierte en ti interés que yo sepa la razón
De tus actos y palabras a través de una interpretación."
"Solo cuando trates de llegar a mi corazón
Sin mentiras, ni disfraces, tal como sos."

"Solo cuando puedas leer mis miradas sin que yo mueva los labios."

"Solo cuando, donde estés, te inunda la mente mi presencia."

"Cuando comprendas el mensaje que mis manos

Llevan con adoración a tu existencia…"

"Solo cuando midas y palpes mi sufrir,

Solo cuando presientas mi preocupación,

Y quieras convertir en dulce amor a mi triste esencia."

"Solo cuando tus ojos duros puedan posar en los míos tiernamente,

Y puedas secar tiernamente todas las lágrimas que por ti he vertido."

"Solo cuando, en vez de tus puños hirientes, me des las palmas de tus manos

Para recoger mi alma que en dolor y tristeza ha caído…"

"Solo así podrás volcar en mi nuevamente la ausente felicidad

Que evaporó poco a poco al vertir mis lágrimas."

"Solo así podre concebir que guardas amor y comprensión para mí

Y convencer a mi sola y triste alma…"

Me Rindo

Como una hoja me dejaré arrastrar por el viento,

Y dejaré que una nube del cielo lentamente me levante.

Me fijaré como una estrella en el firmamento

Para alumbrar tu alma, guiar tus manos amantes...

En un soplo frío mi vida huye.

El pimpollo de tu amor, prendido en mis entrañas

Se marchitó y quemó lo más profundo de mi alma,

Antes que mis latidos pararan y no hubieran mañanas...

Y me rindo si soy viento al invierno,

Y me voy si soy con la brisa solo una.

Si ya hielo de fría, si ya quemo,

Soy la muerte, muerte es mi cuna...

Mi Anhelo

Oh, encanto de un beso que en mi alma penetraste,

Pudiste Llegar tan hondo con solo los labios rosarme.

Al recordarlo, el acíbar amargo en gotas quiero vertí,

Para llorar y a mi modo, igual, como siempre, sufrir.

El dolor me rebosa en los ojos, me empapa el rostro,

Y me trae el sabor de tristeza a la boca,

Y, al hacerlo, las lágrimas son...

Como el rocío que nubia el fulgor de una rosa,

Como las grises nubes que borran la alegría de una mañana

Y como la lluvia, en días tristes,

Gotas de nácar que corren por el cristal de mi ventana...

Lloro, mas, sabiendo que con ello no reviviré

Lo que paso a ser un recuerdo.

Me sirve al menos la eterna esperanza de consuelo.

Y, esta noche, al acostarme, entre las sábanas blancas, me dormiré

Para soñar con mi Príncipe Azul que me entrega el beso amoroso que anhelo...

Mi Cruel Destino

Deseo fuertemente librarme de los látigos azorantes de tus falsas acusaciones,

Tratar de no recordar todo el amor que te di.

Me usas para saciar tus vicios y pasiones,

Solo para eso me quieres aquí...

Ya no siento placer cuando te tengo a mi lado,

Siento que ya no puedo sentirme segura en tus brazos,

Solo persistes en lastimarme

Y vendes mi respeto para que solo un amigo siga estimándote...

Tu no comprendes mi idioma de enamorada,

Porque tu corazón no responde a mi llamada.

Tu no agradeces mis gestos bondadosos

Porque no crees en Dios y el cielo.

Creciste en un mundo diferente al mío.

Yo te quise lo mismo y aun te quería

Cuando tus labios me entregaban besos vacíos...

Me sentía muy sola y... lo sabía...

Cuando sola lloraba día tras día...

Hasta que arrancaste toda mi ternura con mis lágrimas.

Solo ansió librarme de esta unión que es desgracia

Para poder salvar a mi alma y darle esperanzas...

Dios perdone mi suplica porque él fue' mi elegido,

Pero yo no conocía el rumbo de mi cruel destino...

Mis Sueños

El sol, pimpollo joven, duerme temprano.

Como siempre, padre crepúsculo, va apagando la luz;

El reflejo rojizo despierta y humeante, brillante,

Se desparrama, entrelazando su cuerpo con el cielo muy azul...

Las últimas luces del día se apagan con la última brisa;

El jardín, las flores, las casas envueltas en sombra,

Me traen, como siempre, la sensación, el ahogo;

Me llaman, me gritan "triste", me dicen "sola"...

Quiero volver al olvido, a los sueños,

Y, entre ellos, a ti, entre las sombras, quiero encontrarte;

Sin decirme nada, en silencio, tomes mis manos,

Que, entre sombras y sueños, pueda yo amarte...

Así, entre nubes, sábanas blancas;

Entre rosas, con crepúsculo, pueda en secreto,

Y si mi imaginación algún día no pueda hablarte

Encontrarás en el misterio de la noche todos mis sueños…

No Mas Amor

Tu eres cardo, yo soy flor,

Tu eres espina, yo soy pluma,

Tu eres crueldad, yo, ya no más amor...

En mis sueños, tú eras el motivo de mi vivir,

Tú eras mi alegría, mi protector.

A tus brazos podía, en mi angustia, acudir.

Con tu compañía, todos nuestros sueños realizar,

Y, juntos, con nuestro trabajo, nuestro nido alzar...

Más, cuando corrí a tu encuentro,

Tus palabras azotaban a mi alma incomprendida.

Tu alma estaba cerrada a mi amor indiferente,

Y mis llantos agudizaron extrañando tus caricias...

Con tu falta de ternura,

Has matado el candor

Encendido por mi gran cariño por ti,

Único motivo de mi pasión...

No Quise

No quise pensar en los labios que torturan,

No quise ver el brillo de tu sonrisa,

Y parando el seguir en el paso de las horas

Mate el amor que en mi alma improvisas...

No quise que las hojas de tus manos ásperas

Se posarán en el árbol de mis sentidos,

Ni en las copas, en mi pecho, tu, apasionado,

Pusieras el cáliz de tu divino vino...

Si embriagarme podían aquellas horas,

Si de tan feliz, perderme me sentiría,

Preferiría alejarme de la hora hermosa,

Que el olvido, y el mar, el amor llevaría...

Mas, partículas de oro en las huellas dejaría,

Y consolada con el tiempo de las tardes largas,

Llegó, como un eco de la lejanía,

El rostro amigo que un día me amara…

Oh Amor...

Oh amor... Amor tan inquieto...

Pretendes marearme en tus malos juegos,

Y cuando presiento traición en tus manos,

Me miras, vestido de hombre sincero...

Oh amor... amor tan ajeno...

Que vives ignorante de lo que yo siento.

Me miras risueño, ternura en tus ojos,

(Y un plan en tu mente para "la de luego"...)

Oh amor... Amor Egoísta...

Te acercas, me abrazas, me inundas de besos

Que cubren mí alma de tiernas caricias,

Y luego me olvidas, por otra sonrisa...

Oh amor... amor mentiroso...

Me dices que me quieres como ningún otro,

Que crea en palabras, confié en tus manos,

Y a la otra amas... Y del mismo modo…

Para Ti

Si fueran las hojas las cuerdas de un piano,

Y una sinfonía poder dedicarte;

Si pudieran mis palabras acariciarte el alma,

Volar a tu lado... los labios rosarte...

Notarias en mis cartas que de tanto amarte

No hay día, ni noche, sin mucho pensarte...

Que leas entre sílabas, que oigas el mensaje:

"Mi corazón se deshace de tanto extrañarte..."

Pequé

Todos somos juguetes en las manos de la vida.

Nuestra guía son los sentimientos.

Nuestro único freno la conciencia que lastima,

Y de todo sentimiento, el más puro es el amor...

Entonces vida, no me culpes si en el amor peque

Porque al quererlo tanto, mi conciencia olvide.

Recuerda que lo que nace del corazón puede más,

Y a cualquier pensamiento puro muchas veces puede nublar...

Busca a la mente más limpia y un corazón le encontrarás.

Ama con el corazón más puro y a la mente olvidarás...

Porque?...

Porque gimes?... Porque te quejas de mí llanto?...

Porque prendes como una escarapela en tu mente

La escena triste de tu dulce daño?,

Que tiembla en mis manos

Y cuelgan largos de mis ojos verdes...

Te amo en las noches,

Y de ternura escapan mis lágrimas,

Gotas que de mi pecho resbalan,

Y lavan mi alma, y lavan mí alma...

Notas dolorosas de tu triste engañó

Cuando te recuerdo en cada mañana,

Y te quiero conmigo, no entre otros brazos

Gimiendo el cariño que encierro en mi alma...

Que Es Un Beso?...

Un roce de labios, una promesa,

La melodía, el acordeón,

Un soplo tierno, una caricia,

El aleteo del Amor;

Un sonido de sinfonías

Que pide Eco al corazón…

Que Importa?...

No estas más tan cerca, ni real, ni puro mío,

Quién sino el viento, el destino,

Desvío mi barco, mi rumbo, y mi camino...

Pero no importa, te llevare en mi alma,

Y, si alguna vez una espina la hiere,

No dejaré que escapes por la herida que sangra...

¿Porque rebalsan en mis ojos las lágrimas?

¿Porque, sola y triste, llora mi alma?...

Puede la brisa caliente traerme tu aliento,

Puede la lluvia, al rozarme, asemejar tus besos,

Puede la tierra castaña recordarme tus ojos muy duros...

Porque, si al estar muy sola, siento tus manos en las mías?

Porque, si cuando el viento me envuelve te siento estrecharme

Hasta, imposible, mi respiración se va, y se agita?

¿Porque?, si tu presencia está dentro de mí,

¿Porque?, si tu vida es mi vida;

Que importa tierras y mares si estás conmigo con la brisa,

Que importa cuando existe Amor,

Que importa...¿No es cierto mi vida?...

Quien?...

Pero...¿Quien sos vos?...¿Quien sos vos para decirme que una ofensa yo te he dado?...

¿Quien te crees que sos?... con todas las ofensas que tú me has causado!!!...

¿Quien sos vos?... diciéndome que unas lágrimas por mi has llorado!!

Cuando mis lagrimas aún no ha cesado!!!...

El gran hombre, leal y atento según sus maravillosas hermanitas,

Porque entrega menos cariño a su esposa que a su mamita...

El hombre, individual y derecho que siempre hace Justicia,

Pero que hace de la verdad la mentira, por mentiras ya dichas...

El hombre que ama a su hijo e esposa,

Pero los disminuye falsamente.

Porque el héroe a su vieja familia protege,

Y ellos quieren rebajarlos injustamente...

Y... colorín... colorado…

Esta historia aún no ha cesado.

El sigue a favor de su vieja familia.

Lo nuestro, algún día, habrá fracasado…

Quisiera

Tus manos me llaman, palabras me agobian.

Tus labios desatan mis ansias por ti,

Mis manos acarician tu alma que adoran,

Y, en ella, prendiste mi tierno sentir...

Mi mente es un torrente incesante de profundas emociones,

Que inundan mi vida en profundos pensamientos.

Quisiera renacer mis ilusiones perdidas,

Y dar alas sueltas al amor que por ti siento...

Deseo que al pasar el tiempo y vuelen las hojas de los días,

Con ellas alejen mis tormentos y puedan rozarme tus caricias.

Quisiera respirar de tus anhelos, juntar tus manos y las mías,

Quisiera entregar mi palpito a los recuerdos y ser enteramente de tu vida...

Mis labios pretender describir mis ansias,

Encontrar a tus deseos lógica, sentido.

Crear mentes en nuestras almas,

Y moldear un rostro a este Amor casi perdido…

Recordar

En el rojizo horizonte recién pintado

Una flor entreabría lentamente,

Era la joya imaginada del encuentro,

Era la testigo de palabras muy ardientes;

Y en el verde profundo de los prados

El viento me acariciaba fugazmente,

Gravaba en mi alma su susurro,

Escribía tu nombre para siempre...

Recordar tus labios, que distantes,

La piel me muerde dulcemente;

Sentir tus manos acariciantes

Mientras corren por mi alma lentamente...

¿Podría acaso evitar que tus ojos se posaran en los míos tan amantes?

¿Podría acaso callar tu alma ardiente bajo el crepúsculo de la noche más brillante?

Entonces, ahora, es el rocío más oscuro el que marca mi rostro,

Y mis labios extrañan la miel encantada de tus besos dulces,

Las notas del viento van desvaneciéndose lentas y frías,

Mientras en el paño azul la estrella más hermosa

Cae ante mis ojos, de mis sueños huye...

El dolor en la herida profunda de mi pecho

Convirtieron en dos gotas perladas de infortunio,

Y de los recuerdos de mi vida,

La tortura constante de saberte lejos,

La ilusión de que, algún día, en la estrella de mi cielo este gravado,

Y en el horizonte del future amado

Se reencuentren tus manos y las mías…

Recuerdo

De aquel ayer tan lejano y añorado,

Llegaron los substitutos de aquella felicidad vivida,

Y trajeron después de intensos acordes dolorosos

El recuerdo de aquellos inolvidables días.

Llegaron abriendo surcos de pasión y anhelo,

Abriendo, en lo más hondo, una herida.

En el interior, gritaba "perdón" su arrepentimiento,

Y, en su entonar, traía lagrimas mientras sufría.

De que valía su orgullo si lo perdía,

De que valía su arrepentimiento, si es muy tarde,

Su lloro, si no podía revivirla.

Y su sonar, si no podía tocarle...

Si el tiempo permitía, olvidaba,

Si su imagen, borrarla, podría,

Si sus sueños a él no le tocaban,

Sentía muy pronto, sin remedio, al recuerdo que volvía...

Y siguió su destino sufriendo,

Y siguieron sus lloros y el dolor con el recuerdo;

El de aquel amor intenso,

El de aquellos días que no volvieron…

Recuerdos

Las pupilas tan oscuras eran un espejo para mí,

Era muy triste verlo tan cerca y no poder tocarlo,

Más aun, era tan fuerte el fulgor que lo empapaba,

Que me fue más fácil en su roce acariciarlo...

Era grande, muy grande su pecho tan erguido,

Y la respiración en su rostro de gigante

Empañaba el cristal de mi alma enamorada,

Agolpaba la sangre en el calor ruborizante...

Que hermoso es recordarlo cuando el viento se lo ha llevado,

Que aun creerlo, entre las sombras, me es posible,

Que el calor en la rosa pequeña de mi pecho

Respira aun ardiente e impasible...

Sé que nunca morirá en mis dulces sueños,

Eternos serán en mis noches tan azules,

Y si nacen flores en mi edad maravillosa,

No me roben mi pimpollo, que, si muere,

Sangrara la rosa que en mi alma floreciste…

Sentencia

"Mi alma mojada de alegría, con luces en la mirada, con planes y sonrisas, día a día...
pero hoy, la tristeza ahogo en llantos..."

'Será que Dios, por alguna razón, ha sentenciado

Mi alma a sufrir para siempre."

"Será este el trago de acíbar que pone a prueba mi vida."

"Justo o injusto, debe existir una razón por la cual

Pago este dolor tan hondo…"

Dios ha sentenciado mi alma a sufrir el encierro

Entre las paredes de este mundo que odio.

Esta condena de dolor ha ahogado

Todo el empeño que en olvidar pongo;

Y solo con cardos enveneno mi alma que no encuentra

La razón de su poca calma...

Antes mis sueños me traían dulces ilusiones de amor;

Que solo a mi corazón florecido vestía de felicidad;

Pero descubrir que nadie compartía ese sentir por mí, inundó mi vida de dolor.

Ni siquiera saberme protegida en brazos de caballerosidad...

Sola entonces a vivir en el mundo que el destino me ha forjado,

Con lágrimas, dolor, y de vez en cuando, un pimpollo tirado;

Solo con un hilo colgando de la grandiosa esperanza,

Y con el inmenso deseo de poder despertar feliz en una mañana…

Sos Mi Esposo

Porque de un sentir tan profundo como el del amor se ríen;

Y cada día que pasa,

Por tu picardía,

Te tengo menos confianza.

Sos mi Esposo, que ironía...

Por manías, caprichos, por el Diablo metido,

Yo sé, me has mentido!

Cuanto lamento haberlo sabido...

Un día antes, para broncearte, tomaste sol,

Me pediste un cheque de diez, recibiste el llamado de un amigo.

Te afeitaste el día anterior;

Yo Se: me has mentido...

Y yo tan tonta, confiada, bromeaba.

Hasta te hice un verso de amor, en mi tonta, tonta esperanza.

Y me preguntas inocentemente por confianza, confianza...

Me dijiste que trabajabas, pero por ahí te habías ido.

¿No sé porque, para que, porque a mí, tu esposa, no decirlo?...

Quizás con mujeres, en compañía de amigos, por huecas farras.

No imaginas cuanto me has herido...

Y me cuentas que tu mama estaba pálida,

Oh, Dios Mio!!!...

Y Vos, Vos que mal te portas;

Que no me dejas trabajar más tarde por miedo

Que yo me porte mal.

Como?... No confías...

Yo sé que mis palabras, mi sufrir

No mueven siquiera tu sentir,

Ni tu preciosa y gran libertad…

Tarde De Amor

El viento, tan fuerte, revolvía mis cabellos,

Y hubo en tus brazos, en ellos, para mí, la muerte,

Ansiaban tus labios ya verme sumida;

Para mí, la vida, nacía yo al verte...

No hubieron suspiros, ni una flor, ni una estrella,

Ni siquiera el quejido de una hoja que cae;

Sentían tus labios mi piel que dormía

En la dulce calma que tristezas barre...

Que lentos flotaban tus besos en huidas,

Que cuna en tus manos las mías encontraban,

Reflejaban tus ojos, brillantes, mi sonrisa,

Que tierna, en la noche, tus caricias vagan...

Si llega el invierno en nuestra primavera

Que seque las flores, que enfríe el calor,

Quedarán como las cenizas de las hojas muertas

La huella imborrable de un beso de amor…

Temor

Mi alma, mojada de melancolía, llora un eterno sentir.

Tus labios, tan dulces, tus manos posadas en las mías,

Me envuelven en suaves caricias,

Y entregan al olvido, vencido, mi sufrir...

Tu pecho tan joven, tus manos, tus ansiosos labios,

Desean verme caer sumisa entre tus adorables brazos.

Mi alma, rendida, tu abrigo espera,

Y mi boca confiesa que "Te Amo"...

Pero mi mente tiembla con el viejo presentir.

Adoro las flores que viertes a mi paso,

Y mi corazón repite tu nombre en cada latir;

Pero terne los cardos de una cruel mentira…

Todo Lo Fui Por Amor

Todo lo fui por amor.

Mis flores, cardos por él.

Mi boca lleva un amargo sabor,

Mi boca, tan llena de miel...

Todo lo fui por amor.

Todo, sonrisa y candor;

Vacié mi copa de mi

Para volcarme en Pasión...

Todo lo fui por amor.

Pétalos, humo y calor.

Di luz, frágil, feliz

En mi jardín, a una flor...

Y ahora, vacía ya estoy.

He llenado tu vida de mí,

Y te quejas de mi dolor,

Tú, que mataste mi última ilusión...

Todo, lo perdí por amor…

Tu

Tú, con tu piel tan oscura y tu mirada muy fría,

Tú, con el corazón muy duro de ira dormida.

Tus palabras, tus gestos, tus instintivas caricias,

Me revuelven, astian, lastiman...

Aunque no creas en mí, algún día podrás verme como soy.

Porque por ceguera, me has vestido de un disfraz que no merezco.

Sabrás lo que hice por ti, sin recompensa alguna,

Porque te quiero... algún día... no muy lejos...

Y sabrás, quizás muy tarde;

Que por cada lágrima de mi alma que injustamente provocaste;

Por cada venganza inútil con la cual mi alegría borraste;

Por cada disculpa no dicha,

Solo me debías la comprensión que en otros malgastaste.

No olvides, mi amor era inmenso...

Pero, porque a mi alma has maltratado,

Por cada paso injusto que una disculpa has olvidado,

Uno a uno, los granos de mi amor vas matando,

Y, todo lo nuestro solo tú vas borrando...

Tu Incomprensión

Cierro en mi puño para siempre mi alma;

Entre rejas fuertes a mi dulce calma;

Para que los ojos de mi limpia mente

No pueda sentir tu incomprensión hiriente,

Y, en cada azote que tu boca desata,

Motivado solo por el torrente triste de mis lágrimas,

No provoquen este dolor que a mis esperanzas matan...

Solo por ti he vestido en sueños,

Solo por ti he luchado sola en el encierro

De este amor que tornó mi vida en tormento;

Y por ti, solo por ti, lloro en silencio...

He enfrentado con ira a aquellos que a nuestras almas desunían,

Y inundaban con ofensas irrespetuosas a nuestras vidas.

Puse al frente a nuestro hogar, nuestra futura familia;

Tragué mi dignidad, hice a un lado mi moral.

Todo por guardar limpia a nuestras vidas.

Y por eso tu ira por mi llorar, mi llorar que comprensión te suplica...

Veo morir esperanzas que ilusiones salpican,

Y, en ello, borrar rasgos de amor que brillaba en nuestros rostros en alegría,

Y veo desvanecer, corno evaporan mis dolorosas lágrimas,

Los más apreciados anhelos que en mi ser vivan…

Tu Recuerdo

Hoy he invertido una estrella más,

He invertido una lagrima más en tu recuerdo.

Qué serena la luz dorada de tus ojos reflejaban tu ternura,

Y en tus labios el sello de un amor tan profundo

Que no existe otro en el mundo que semeja tu dulzura.

Fue en la nube rosa de mis sueños tan divinos

Que tus manos me tocaron, que tus besos me trajeron,

Que nos llevaron amorosos de tus brazos a los míos.

Entonces, acaricie tu cabello tan oscuro,

Que, entre ellos, mis dedos finos muy poquito se veían;

Entonces fue mañana, entonces fue la luz,

Entonces la realidad, mi sueño se desvanecía…

Tu Recuerdo

Soplaba el viento... traía en mi pecho, a mi alma, las hojas del invierno,

Y aun, cerca mío, siento el eco profundo de tu respiro.

Aquí, bajo perlas, silenciosas testigos de nuestro secreto,

Compartimos el trago divino de nuestro amor tan verdadero.

Si, y aun tus labios me acarician dulcemente,

Besos posándose en los labios de mi alma.

Hasta siento el lamento del invierno confundirse con suspiros,

Y mi mirada se nubla con un manto sin límites de ternura.

Tú me has ofrecido la flor más deseada del jardín del ensueño

Para darle a mi corazón el calor que para siempre deseo…

Un Beso

Me preguntas: Qué es un beso?...

Un beso es la pasión contenida de una promesa de Amor,

Es aquello con que sueña una adolescente en sus sueños de ilusión.

Es aquello puro y profundo corno aquel manantial que ves

Y el roce de dos labios como aquellas dos rosas rojas en su suave vaivén…

Si a tí, alma mía, algún día, un beso de Amor te dan,

Procura en su bello embeleso el mundo exterior olvidar,

Y como aquello tan inmenso, inmensa tu ilusión será,

Como aquello que lo sienten solo los que enamorados están,

Y el Beso que tú recibas hondamente sentirás…

Un Beso

¿Nunca visteis algo tan puro como el cielo besar

A algo tan rebelde como la tierra?...

Es en la hora en que, como a diario,

El día con el crepúsculo tropieza,

Y veréis como manso, afanoso, apasionado,

A los pies de la tierra cae y... la besa...

Y en su pasión algo le tiñe la cara:

Es el dolor, es la vergüenza,

Porque fue sorprendido por un lobo

Que, a lo lejos, se queja;

Entonces el día avergonzado,

Escondiéndose de angustia y tristeza,

Lentamente se aleja de su amada... y veréis estrellas...

Pero, aun creéis que son estrellas?...

Son las lágrimas del día, es su tristeza.

El ama con pasión enloquecida

Y no quiere separarse de la tierra…

Un Beso Al Corazón

Mientras el día se arrodilla ante una masa de sombras que avanza,

El cielo se cubre ante nuestros ojos, tras el velo amoroso de una mirada,

Y, testigo de ello, nos responde bello y puro;

Como pudiendo ver tras nuestro cuerpo, las sombras, en nuestro corazón, una esperanza.

Nuestras siluetas son dos sombras más,

Y en un instante de pasión, bajo las estrellas ya divisándose,

Las sombras se confunden, y de dos aparece sólo una, bajo la luna que nos mira,

Y nuestros labios, respondiendo, se unen al conjuro de una promesa de amor que se desata.

No es un beso, no es el roce de nuestros labios que unió en ese instante nuestro amor,

No es el intimo embeleso que incendio en su antorcha, la pasión,

No es el contacto de nuestros cuerpos, no las estrellas, ni tampoco el cielo y la tierra son,

Es el toque de nuestras almas, son las voces del cántico amoroso, es... es un beso al corazón…

Un Beso De Amor

Sus ojos, tan negros, arrancaron mi alma,

Sus manos, tan ásperas, besaron mi piel,

Impregnaron mis huesos, calmaron mis ansias;

Lloraba mi alma perfume y miel...

Sus labios esponjosos, su cuerpo tan recto

Buscaron mi cuerpo tan frágil de amor,

Y me dio ayuda, y me dio belleza,

El de tuyo, todo, un beso, pasión...

Su fuerza, su pecho tan ancho, tan duro, tan fuerte,

Taparon el mío sumido en ardor,

Y de allí, todo, un año, una patria,

Una frágil estatua, feliz corazón...

Si la briza es suave, si la luna es plata,

Si el arcoíris es belleza, y el mar con sus olas, furor,

Contigo, alma mía, no lo existe tan puro,

Como cuando, suave, me entregaste en la boca, un beso de amor…

Una Rosa Amarga

¿De quién sos mi vida?.. ¿A quién perteneces?...

Yo soy... soy de todos, todos los que entregan algo saciando mis ansias...

Soy del hombre que audazmente deposita en mí una mirada tierna.

Soy del que pierde una rosa de su jardín para robarme un poco el alma,

Soy de aquel cuales ojos por mi cuerpo apasionadamente vagan,

Y de aquel que cautelosamente busca encontrar mi mirada...

No soy toda tuya... no!

¿Y por qué?...

Porque, egoísta, tu no me has dado más que una rosa amarga...

Una rosa seca, sin amor, ni ternura,

Una rosa que, en tu presencia, yo bañaba diariamente con mis lágrimas

Porque siempre ignoraste todas mis románticas esperanzas…

Viejo Amor

Arrimada en tu pecho gigante contemplaba la nave infinita;

En ella traía el oscuro y brillantes princesas cautivas.

Admiraba con luna en mis ojos lo que en mi alma el amor convertía,

Abrías en mí, el capullo gigante de la rosa en mi pecho escondida.

"Alma mía", decías bajito, y la luna en mis ojos reía.

El viento llevaba escondido el palpitar de mi alma temblando

Y estampabas el poema más hermoso en mi alma, tus labios y mis labios...

Cuántas veces el roció esparcía en mis ojos las estrellas del cielo plateado

Y, en secreto, secabas gotas de oro que en mi alma los sueños han creado.

Pero ahora, esta distante el cielo divino, cerrado el capullo que un día abriste;

Nubladas las noches divinas, húmedas las huellas de tus besos amados…

Volverás

Las rosas florecerán de nuevo en el jardín tan sonado,

Morirán las flores viejas de un ayer olvidado,

Y volverán los sueños, mariposas coloridas,

Arrancaran la espina que en mi alma el tiempo ha enterrado...

Con el tiempo, llegará tu presencia desde el fondo, en el espacio;

Sera el sustituto de un cuerpo que existe, no sé en donde, en cualquier parte,

Y yo volaré a ti, en tus sueños, en tu jardín.

Nos encontraremos entre las rosas rojas, entre nubes rosadas del romance...

Entonces cuando en el desierto tropiece con el viento del silencio,

Susurraras el amor que nunca me profesaste;

Me dirás que fueron los pasos del rumbo de la vida,

Pero nunca los labios callados de tu alma que ocultaste...

Gritarás a la luz del indiferente día tus crueles mentiras,

Pero no podrás evitarme el saberlo, cuando inquieta,

Aparezca la verdad confundida en mis malos sueños,

Y la mantendré escondida hasta que solo de tus labios venga…

Ya No Me Amas

Siento en mi alma una pluma que pesa,

Una tierna dulzura ha impregnado mi ser,

Y he aceptado a beber de tus manos llenas

Del Amor más intenso, tan dulce come miel...

Pero no existen rosas sin espinas,

Y siento mucho miedo, me mojo de dudas,

Y siento convertir a mi mundo de ternura

En un lago húmedo de amargura...

Siento que tus miradas, vacías de palabras,

Tornan a otros cuerpos sin corazón por ti.

Ya no esperas más momentos que esperabas

Para poner tu alma alrededor de mi...

Ya no oigo la ternura que murmurabas,

Y tus caricias, tan frías, no me idolatran,

Tu boca mastica mi nombre, que respetaban,

Tus manos, oh, tus manos, ya no me aman…

Yo Quería...

Yo quería seguir contigo...

Te trate de explicarte y no me quisiste escuchar,

Cerraste para siempre tus oídos,

Y elevaste una muralla entre nuestras vidas por tu terquedad...

Yo quería seguir contigo...

El encanto de esos momentos juntos

Me traen recuerdos de tí en cada momento que vivo,

Añorando que puedan volver otra vez en un día en el futuro…

Un Sueño Feliz

Las gotas de rocío, perlas de nácar,

cuelgan el el follaje de los árboles,

Juegan en el cristal de mi ventana,

brillan en los pétalos de las flores,

O bailan, cayendo de rama en rama,

acompañando en el pasaje de silenciosas voces...

Despierto y llevo a ellas mi mirada,

sabiendo que con ellas nace el alba.

El alba que frustra los sueños,

quebrando con su luz ese ensueño;

Disipadora de sombras, mensajera de desvelos...

Los sueños, mariposas del jardín, vienen y van.

Vienen trayendo color y alegría,

Y luego, al irse, desolado mi corazón dejarán...

Cierro los ojos y te recuerdo en ese sueño irrealizable,

Cuando mi boca tocaste en un beso,

Cuando mis manos, amoroso, acariciaste...

Siento tu calor, tu aliento, tus brazos en torno a mi cintura,

Y, palpando el aire encontrarte quiero.

Pero eres irreal y no puedo.

Todo no es más que un sueño feliz,

Un Sueño feliz e inolvidable...